충북 경찰승진시험 대비
헌법 공부법

수학연구사

목 차

머리말 ·· 1

Part 1. 학습 포인트 ··· 5

1. 한국헌법의 개정 ··· 6
2. 헌법의 전문 ··· 9
3. 헌법의 기본원리 ·· 16
4. 사회국가의 원리 ·· 17
5. 기본권의 제한과 그 한계 ·· 18
6. 기본권의 침해와 구제 ··· 24
7. 사생활영역의 자유 ·· 27
8. 경제생활의 자유 ·· 29
9. 직업의 자유 ·· 31
10. 정당제도 ··· 36
11. 선거제도 ··· 37
12. 지방자치제도 ·· 38
13. 국회 ·· 41

Part 2. 학습의 팁 ·· 51

1. 풀어내는 식으로 공부하기 ·· 52
2. 대화 내지는 대화체를 염두에 두고 생각하기 ················· 57

3. 좋은 변화로 바뀌는 학습 주변 여건들이 변화 ················· 60

4. 심리적으로 긍정적 변화가 찾아온다 ························· 63

5. 지식을 돌출 정도로 하려면 노래 암기가 최고다 ············· 65

6. 8진법 ··· 68

7. 전문 공부 ··· 74

8. 스타링크 ·· 80

머리말

사이드를 잘 외우면 본질이 잘 외워진다

무엇인가 새로운 것을 외울 때 너무 힘들어 할 때가 있다. 그것은 분명히 본질을 그대로 가는 게 너무 힘들어서 그런 것이다. 그래서 무엇인가를 외울 때 거기 자체에 너무 열 올리지 말고, 사이드를 통해서 정복하자. 그 사이드가 상식이라면 더욱더 좋다.

사자후적 강의를 준비한다고 생각하고 공부하면 손해보지 않는다

강의식 공부법은 아주 좋다. 그중에서 독에 핏대를 세우고 연설하는 사자후를 한다고 생각하고 강의 준비식으로 공부를 하면 절대로 손해 보지 않는다.

3단적 사고가 중요하다

3은 종교에서 말하는 삼위일체처럼 뭔가의 완전수를 의미하는 숫자로서 작용한다. 그래서 완전수이다. 그런 원리는 공부에서도 작용한다. 뭔가를 외워야 할 대상이 있다면 그것을 흩트리지 말고 3단으로 해서 암기를 하라. 그것은 뇌에 추진력을 준다. 다만 그냥 3단이어서는 곤란하다. 그 3단 사이에 유기성을 주든지 아니면 한 개의 그림에서 표현이 되게 하던지 하는 식의 접근이 되게 하라.

상당수의 합격생이 자신의 공부법확립도 못하고 합격하고 나간다

의외의 사실인데 사례연구를 해보면 상당수의 합격생이 자신의 공부법 확립도 못하고 합격하고 나간다. 즉 제대로 자신의 공부를 확립도 못시킨 채로 시험보고 마친 합격생도 많이 있다. 그래서라도 공부법의 발전이 쉽지 않다. 그들에게 잘만 전수가 되었어도 공부하는 여러분들은 좀 나았을텐데 말이다.

서브노트가 참 좋은데 그게 참 쓸 시간이 없어서

아무리 공부 방법에 대해서 연구를 해봐도 가장 좋은 방법 중의 하나는 자신의 서브노트를 쓰는 것이다. 그것은 아주 좋은데 그게 참 쓸 시간이 없어서 문제가 된다. 그런 고충을 이해하고 완전히 서브노트쓰기 까지는 아니어도 공부에 대한 도움을 필자가 여러분들께 같은 효과가 나게 드리려고 한다.

서브노트를 왜 쓰는지를 알면 참 공부가 보인다

왜 교과서가 뻔히 있는데 서브노트를 쓸까? 하고 사람들은 생각한다. 그래서 시간 낭비일수도 있다고 생각한다. 그러나 서브노트는 분명히 제대로만 쓴다면 내 영역이고 교과서는 학습자 자신이 아닌 남의 영역이다. 그래서 차이가 있다. 즉 서브노트를 써서 내 영역이 늘어나면 그것은 새로이 자신의 영역을 만들어 내는 셈이 된다. 지식은 자신의 영역에서 독립적이 될 때

성장하고 참으로 내 것이 된다. 그런 점을 감안해서 필자는 여러분들에게 도움을 줄 것이다.

Part 1. 학습 포인트

1. 한국헌법의 개정

-우리나라 역대헌법 중 5차 개헌시는 대통령에게 헌법 개정 제안권이 없었다

1) 기초암기적

5차대통령헌법제안못해-창밖의 낙엽은 아직도 그대론데

2) 최종암기적(1)

오차 제안 (못)-오사트제안서

오사트는 반도체의 후공정을 의미한다.

3) 최종암기적(2)

오차 제안 (못)-오사카대판

오사카대판에서 오사트사업을 할 제안서를 제시한다

4) 같은 헌법안에서 '제안서'라는 측면에서의 법 암기학자들의 공통암기노력

령령 제한-새한그룹영양사

령령 제한-영향력있는제안서

-(헌법안에서의 암기의 노력)-헌법 제37조 제2항에 의하면 기본권은 원칙적으로 법률로써만 이를 제한할 수 있다고 할 것이지만, 헌법 제75조에 의하여 법률의 위임이 있고 그 위임이 구체적으로 범위를 정하여 하는 것이라면 대통령령에 의한 기본권의 제한도 가능하다

1) 최종암기적으로(1)

령령 제한-새한그룹영양사

지금은 사라진 삼성그룹에서 파생되어서 나온 새한그룹에서 근무한 영양사 이야기이다.

2) 최종암기적으로(2)

령령 제한-영향력있는제안서

영양사로 뽑힌 것이 영향력있는제 제안서 피피티를 내서 그렇다

-헌법 개정 절차 중 국회의원 과반수 또는 대통령의 발의로 제안되고, 제안된 헌법개정안은 대통령이 20일이상의 기간 동안 공고해야 한다

1) 최종암기적으로(1)

헌법 개정(안) 이십 (20일) 공고-산게이신문공고

2) 최종암기적으로(2)

헌법 개정(안) 이십 (20일) 공고 동고이식

동고이식에 참여할 사람을 찾는다고 산게이신문공고에 나오다.

2. 헌법의 전문

-자유와 권리에 따르는 책임과 의무는 헌법 전문에 있다

1) 기본암기

전문가유권리따른책임-사과맛이그래도 써니텐

이는 조국의 민주개혁과 같이 쌍극자로 해서 외운다

2) 최종암기

따른 전문-나름전문이라고하는데

자유 권리 그리고 책임 의무가 너무 길어서 쉽게 외워지지 않는다. 그래서 오히려 중간 단어인 따른에 대해서 집중해서 외운다. 우리가 보통 생활 속에서 나름 전문이라고 하는데 라는 말을 많이 쓴다.

-자유민주적 기본질서는 헌법전문에 있다

1) 최종암기적으로

여기서 자유나 민주 등은 좀 너무 자주 나와서 암기 키워드로 뽑기에는 좀 무리가 있다. 그리고 기본도 역시 불명확성이 있다. 그래서 어쩔수 없이 차

선책으로 질서를 뽑아 본다.

질서 전문-질소성분

질소와 질서가 유사음가이고 전문과 성분이 유사음가이다.

2) '기체성분'공통 요소로서의 법 암기학자들의 고찰

민사집행법에 다음과 같은 내용들이 나온다

산서 특정-득점찬스

산서 특정-산소측정센서

-[다른법에서의 참조:민사집행법]대법원 2022. 8. 11. 선고 2017다225619 판결 [배당이의] [공2022하,1831]에서 담보권 실행을 위한 경매절차에서 신청채권자가 경매신청서에 피담보채권의 일부만을 청구금액으로 하여 경매를 신청하였을 경우에는 다른 특별한 사정이 없는 한 신청채권자의 청구금액은 그 기재된 채권액을 한도로 확정되고 그 후 신청채권자가 채권계산서에 청구금액을 확장하여 제출하는 등의 방법으로 청구금액을 확장할 수 없다. 그러나 경매신청서에 청구채권으로 원금 외에 이자, 지연손해금 등의 부대채권을 개괄적으로나마 표시하였다가 나중에 채권계산서에 의하여 그 부대채권의 구체적인 금액을 특정하는 것은 경매신청서에 개괄적으로 기재하였던 청구금액의 산출 근거와 범위를 밝히는 것이므로 허용된다. 또한 신

청채권자가 경매신청서에 청구채권 중 이자, 지연손해금 등의 부대채권을 확정액으로 표시한 경우에는 나중에 배당요구 종기까지 채권계산서를 제출하는 등으로 부대채권을 증액하여 청구금액을 확장하는 것은 허용된다: 뒷문장의 내용

1) 최종암기(1)

산서 특정-득점찬스

2) 최종암기(2)

산서 특정-산소측정센서

중소기업에서 산소측정센서를 기막히게 잘 만들어서 반도체 공정에서 하이닉스 같은 회사에 아주 잘 보이는 평가에서 엄청나게 높은 점수를 받을 득점찬스를 가지게 되었다.

-조국의민주개혁은 헌법전문에 있다

1) 기초암기적으로

조국의민주개혁-귤맞이 그래도 써니텐

개혁-전문-계백장군: 유사음가로 해서 외운다. 전문과 장군은 아주유사하지

는 않지만 그래도 유사하다.

개혁 전문-전문개헌: 전문을 즉 모든 헌법의 문장을 다 고쳤다는 의미가 된다.

4) 최종암기적으로(1)

개혁 전문-천문과학

5) 최종암기적으로(2)

개혁 전문-전문개혁

천문과학책의 전문 즉 모든 문장을 더 개혁해서 새로 바꾸었다.

-기회균등은 헌법 전문에 있다

1) 최종암기적으로(1)

전문 기회-전문기획사

전문기획사라고 해서 암기를 한다. 전문과 기회이다.

2) 최종암기적으로(2)

전문 기회-천운의 기회

전문기획사를 만나게 된 것은 천운의 기회다. 아이돌팔자는 어떤 기획사를 만나는가의 문제이다.

-조국의 민주개혁은 헌법전문에 있다

1) 기초암기적으로

조국의민주개혁-귤맛이 그래도 써니텐

개혁-전문-계백장군: 유사음가로 해서 외운다. 전문과 장군은 아주 유사하지는 않지만 그래도 유사하다.

개혁 전문-전문개헌: 전문을 즉 모든 헌법의 문장을 다 고쳤다는 의미가 된다

4) 최종암기적으로(1)

개혁 전문-천문과학

5) 최종암기적으로(2)

개혁 전문-전문개혁

천문과학책의 전문 즉 모든 문장을 더 개혁해서 새로 바꾸었다

-민족문화의 창달은 대통령취임선서에 있다

1) 최종암기적으로(1)

선서 민족문화창달-으라차차차차차천하장사

2) 최종암기적으로(2)

문화-선서—만가가센세만화가선생님

일본어로 만화가는 만가가 그래서 만가가센세는 만화가 선생님이다. 만화와 문화는 음가가 유사하고 선서와 센세이는 유사하다. 그래서 이렇게 외운다.

3) 최종암기적으로(3)

문화 선서-선사문화

깔끔하게 이렇게 외워버린다

-평화적 통일의 사명은 헌법전문에 있다

1) 기초암기

통일사명-귤맛이그대로 써니텐: 이는 조국의 민주개혁과 쌍극자로 해서 암기를 한다

2) 최종암기(1)

통일(사명) (헌법) 전문-통일 전문-평화통일자문회의

전문과 자문을 유사음가로 해서 외운다.

3) 최종암기(2)

통일(사명) 전문-정문매표소종일권

눈에 보이는대로이다. 정문매표소에 가면 바로 거기에 종일권이라고 써있다. 평화통일자문회의 멤버들이 놀러들 왔다. 피로 회복 차원에서 말이다.

3. 헌법의 기본원리

-복수정당제는 헌법상 보장된다: 암기

1) 최종암기적으로(1)

복수정당제 헌법보장-복수: 헌법 또는 복수:보장-봉종스복수

Vengeance (vengeance) 프랑스어로 봉종스 보장 비슷한 음가다

2) 최종암기적으로(2)

복수 보장 – 박스보상

택배로 인해서 문제가 생긴 즉 박스채로 분실되거나 하는 것들의 보상이다. 박스보상을 한 것에 대해서 복수? 말도 안돼. 그런 직업정신이 없는 배달맨은 반드시 응징을 해야 한다. 그런 〈쪼존함〉을 보이는 사람에 대해서는 그딴 복수 운운하고 그런 마음을 품는 쪼존함의 극치를 보여주는 사람에 대해서는 말이다.

4. 사회국가의 원리

-헌법조문을 보면 국방상 국민경제상 간절한 필요에 의해서 사업기업을 국유 또는 공유할수 있다고 되어 있다: 국방상 국민경제상 부분암기

1) 최종암기적으로(1)

여기서 국민경제상을 줄여서 국경으로 해서 암기를 한다.

국방 국경-국경국방

국경을 튼튼히 지킴에 대해서 이야기를 한다.

2) 최종암기적으로(2)

국방 국경-극방부와국영방송건물을타격

국경이 국영과 유사음가를 가진다. 이란이 국경국방을 튼튼히 해도 이스라엘은 국방부와 국영방송 건물을 타격한다.

5. 기본권의 제한과 그 한계

-헌법 제37조 제2항에 의하면 기본권은 원칙적으로 법률로써만 이를 제한할 수 있다고 할 것이지만, 헌법 제75조에 의하여 법률의 위임이 있고 그 위임이 구체적으로 범위를 정하여 하는 것이라면 대통령령에 의한 기본권의 제한도 가능하다.

1) 최종암기적으로(1)

령령 제한-새한그룹영양사

지금은 사라진 삼성그룹에서 파생되어서 나온 새한그룹에서 근무한 영양사 이야기이다.

2) 최종암기적으로(2)

령령 제한-영향력있는제안서

영양사로 뽑힌 것이 영향력 있는 제안서 피피티를 내서 그렇다.

3)'제안서라는 측면에서의 법암기학자들의 노력

-(같은 헌법안에서다른 파트에서)우리나라 역대 헌법 중 5차 개헌시는 대통령에게 헌법개정 제안권이 없었다

1) 기초암기적

5차대통령헌법제안못해-창밖의 낙엽은 아직도 그대론데

2) 최종암기적(1)

오차 제안 (못)-오사트제안서

오사트는 반도체의 후공정을 의미한다.

3) 최종암기적(2)

오차 제안 (못)-오사카대판

오사카대판에서 오사트사업을 할 제안서를 제시한다.

-미결수용자와 변호인 아닌 자와의 사이에 대한 서신검열은 합헌이다

1) 기본암기

미결수 변아닌 검열 -오스카델라호야-미결검열호야
->복싱/미남/하니보이/럭키보이/골든보이/소년

2) 최종암기

아닌 서신 (된다)-오마이걸아린사진

-(관련해서의 민사집행법사항)2000다21048 판결 [전부금] [공2000.9.1.(113),1835]에서처럼, 압류가 금지된 채권에 대한 압류명령은 강행법규에 위반되어 무효라 할 것이며, 또 전부명령은 압류채권의 지급에 갈음하여 피전부채권을 채무자로부터 압류채권자에게로 이전하는 효력을 갖는 것이므로 전부명령의 전제가 되는 압류가 무효인 경우 그 압류에 기한 전부명령은 절차법상으로는 당연무효라고 할 수 없다 하더라도 실체법상으로는 그 효력을 발생하지 아니하는 의미의 무효라고 할 것이고, 따라서 제3채무자는 압류채권자의 전부금 지급청구에 대하여 위와 같은 실체법상의 무효를 들어 항변할 수 있다. 여기서 왜 그 뒤의 그 압류에 기한 전부명령은 절차법상으로는 당연 무효가 아니라고 보는 논리는 무엇인가?

최종이유적으로

이것은 맞기는 한데, 즉 판시는 그런데, 형식적으로 완전 무효가 아닌데 그렇게 무효라고 일반인이 거부를 하기에 쉽지 않지 않은가? 맞다. 일반인이 실체법상 무효를 근거로 전부명령에 대한 이행 거부를 한다는 건 현실적으로 매우 어렵다. 그 이유는 다음과 같다. 법원의 전부명령은 '공적 문서'로서 강한 외관상 권위를 가진다. 전부명령은 법원의 결정문이고, 대부분의 사람은 법원의 문서를 신뢰하며 따를 수밖에 없다. 일반 제3채무자(보통은 기업, 금융기관, 급여 지급자 등) 입장에서는 전부명령이 '무효인지 여부를 스스로 판단'하기 매우 어렵고, 부담도 크다. 예시로서 법원이 발령한 전부명령이 도착했는데, 이게 실체적으로는 무효라며 이행을 거절한다? 일반인은 거의 불가능한 결정이다. 실체법상 무효는 전문적인 법률적 판단이 필요한 경우가 많다. 실체법상 무효 여부는 보통 압류금지 채권인지, 강행규정 위반인지, 사안의 성격 등 복잡한 법리 판단이 필요한 경우가 많다. 일반인은 그 내용을 전부명령서만 보고 정확히 파악하기 어렵고, 판례를 찾아서 스스로 해석하는 것도 어려운 일이다. 전부금 지급을 거절하면, 제3채무자 입장에서의 위험 부담이 큼. 전부명령을 무시하고 지급을 거절했을 경우, 후에 법원에서 유효하다고 판단되면 이행지체 책임이 생길 수 있다. 그래서 일반인은 '혹시라도 내가 틀리면 어떻게 하지?' 하는 법적 불안감 때문에 순응할 가능성이 크다. 그러기에 이러한 항변권은 대부분 법률전문가(변호사 등)의 도움을 받은 경우에나 실질적으로 활용 가능하다는 점에서 현실적으로는 제한적인 효과를 갖는 것이 사실이다. 이런 제한적인 부분도 있음을 생각하면서 기억해야 한다.

1) 최종암기적으로(1)

(전부) 실체 무효-무효 실체-무어 실례-익스큐지무오 실례합니다

프랑스어로 익스큐지무와하면 그것이 영어로 익스큐즈미이다. 그래서 음가가 무효와 무오가 유사하다. 그리고 실체는 실례와 유사한 음가를 가진다.

2) 최종암기적으로(2)

(전부) 실체 무효-무효 실체-엄마오실때줄줄이

엄마오에서의 마오가 무효와 유사음가이고 실체는 실때와 유사음가를 가진

다. 엄마오실 때 줄줄이 사탕 사오실테니 실례합니다만 사탕 하나 먹읍시다. 먹고 죽은 귀신 때깔도 좋다는데.

-보호의무자 2인의 동의 및 정신건강의학과전문의(이하 '정신과전문의'라 한다) 1인의 진단을 요건으로 정신질환자를 정신의료기관에 보호입원시켜 치료를 받도록 하는 것은 '정신보건법' 조항은 과잉금지원칙에 위반된다

1) 기본암기적으로는(1)

정신(과) 전문의 일인 입원안/노입원-조선정신대위안부-전문의정신대입원부 ->정신대/위안부/좌파/

2) 최종암기적으로(2)

정신 일인 (위헌)-전신힐링마사지

힐링을 위해서 전신을 마사지해줌을 의미한다

3) 최종암기적으로(2)

정신 일인 (위헌)-이심전심

전신힐링마사지를 해주면 그 해주는 사람의 진정의 마음이 이신전심으로 전해진다. 그런데 이게 위헌임은 전해지지 않는게 있어서 그렇다.

원문은 헌법재판소 2016. 9. 29. 선고 2014헌가9 결정 [정신보건법 제24조 제1항 등 위헌제청] : 심판대상조항은 정신질환자를 신속·적정하게 치료하고, 정신질환자 본인과 사회의 안전을 지키기 위한 것으로서 그 목적이 정당하다. 보호의무자 2인의 동의 및 정신건강의학과전문의(이하 '정신과전문의'라 한다) 1인의 진단을 요건으로 정신질환자를 정신의료기관에 보호입원시켜 치료를 받도록 하는 것은 입법목적을 달성하는 데 어느 정도 기여할 수 있으므로 수단의 적절성도 인정된다. 보호입원은 정신질환자의 신체의 자유를 인신구속에 버금가는 수준으로 제한하므로 그 과정에서 신체의 자유 침해를 최소화하고 악용·남용가능성을 방지하며, 정신질환자를 사회로부터 일방적으로 격리하거나 배제하는 수단으로 이용되지 않도록 해야 한다. 그러나 현행 보호입원 제도가 입원치료·요양을 받을 정도의 정신질환이 어떤 것인지에 대해서는 구체적인 기준을 제시하지 않고 있는 점, 보호의무자 2인의 동의를 보호입원의 요건으로 하면서 보호의무자와 정신질환자 사이의 이해충돌을 적절히 예방하지 못하고 있는 점, 입원의 필요성이 인정되는지 여부에 대한 판단권한을 정신과전문의 1인에게 전적으로 부여함으로써 그의 자의적 판단 또는 권한의 남용 가능성을 배제하지 못하고 있는 점, 보호의무자 2인이 정신과전문의와 공모하거나, 그로부터 방조·용인을 받는 경우 보호입원 제도가 남용될 위험성은 더욱 커지는 점으로 봐서 위헌이다.

6. 기본권의 침해와 구제

-국가인권위원회 위원의 2년 공직취임제한은 위헌이다

1) 기초암기적으로

국가인권위 이년내 취업해/취업가-인권이도달았다인권이라이프-인권위도취업해이년내라이년
->전인권/들국화/스카이라이프/하늘/방송

2) 최종암기적으로(1)

인권 취업 (위헌)-휴먼라이트뮤지엄인권박물관

3) 최종암기적으로(2)

인권 취업 (위헌)-인천지역도로교통상황

인천지역 도로 교통상황 봐 가면서 휴먼라이트 뮤지엄 인권박물관을 가야겠다. 박물관에 자리 알아보러 가는 중이다. 인천에서 서대문구로 오는 길이다. 박물관은 서대문구 연남동에 있어서 말이다. 〈취업길〉 막으면 안 된다. 마치 그 장소 〈연남동〉오는 것도 막으면 안 되듯이 말이다 그래서 취업제한이 위헌을 받았다.

-국가인권위에 인권침해와 차별행위를 알고 있는 사람이나 단체도 진정을 할수 있다

1) 기초암기

진정인권위 단체도 {진단학회} 진단진정 진단을해

2) 최종암기(1)

단체 인권 (가능)-인권단체협의회

3) 최종암기(2)

단체 인권 (가능)-이인간당췌무슨말인지

인권단체협의회에는 인간 당췌 무슨말인지 하는 사람들이 찾아와서 일하기가 힘들다. 그래도 어쩌겠나 꿋꿋이 해야지 세상은 부조리한데.

-국가인권위의 진정에 대한 조사는 비공개이다

1) 기본암기적으로

인권과 진정과 비공개를 같이 해서 외운다. 그러다 보니 일단 진정은 빼고 외운다. 인건(후두가마름)으로 비공이 비참한 지경에 이르렀다고 외운다. 다

시급 외우면 인권조사 비공개 {임플란트} 〈인권〉지켜 〈인간〉답게 〈인간〉치료

2) 최종암기적으로

(인권위) 진정 비공 -비건진정에센스

7. 사생활영역의 자유

-구치소장이 미결수용자가 배우자와 접견하는 것을 녹음하는 것은 헌법위반이 아니다: 현재

1) 기초암기

미결 배우 녹음 : 배호 : 미결적인거 녹음해야 해

암기해설: 배호는 전설의 요절가수다. 그의 남은 작품에 대해서는 당연히 녹음을 해야 함을 의미한다. 그만큼 미결수와 배우자의 대화도 녹음을 해도 된다는 것이다.

2) 최종암기(1)

미결 녹음-높은이젤

그림을 그릴 때 쓰는 이젤이다

3) 최종암기(2)

미결 녹음-녹원회섭외비결

미스코리아로 구성된 콧대 높은 분들을 비급 청문회 같은데서 어떻게 섭외를 했는지의 비결이다.

-(민사집행법에서의 보강암기): 동일인 소유 토지와 지상 건물에 공동저당권이 설정된 후 건물이 철거되고 새로 건물이 신축된 경우에는 법정지상권이 성립하지 않는다. 취지나 논리? 특히 당사자의 기대등과 관련해서

1) 최종이유적으로는

"좋은 건물 들어서면 좋잖아"라고 누가 말할 수 있으나 그게 아니라, "내가 예상하지 못한 권리(지상권) 때문에 내 담보실행이 복잡해진다"는 법적 논리이다.

2) 최종암기적으로는(1)

신축 법지 (아니) -신춘문예당선의법칙

지원자들끼리 주고 받는 법칙 말이다. 당선에서 당선으로. 남들 특히나 일반인들이나 낙선자들의 눈에 보기에는 꾸리게 보인다. 편법으로 보인다.

3) 최종암기적으로(2)

신축 법지 (아니)-신속 배치

배민이나 쿠팡이츠 등에서 하는 신속배치에 대해서 즉 배달시에 신속배치에 대해서 이야기 한다. 신춘문예당선의 법칙은 어쨌건 뭐든지 빨리 배치시켜 놓고 가는 것이다. 말을 배치하던 물건을 배치하던 말이다. 그래야 마음의 여유가 생긴다. 우물쭈물할게 없다는 것이다,

8. 경제생활의 자유

-건강보험수급권은 가입자가 납부한 보험료에 대한 반대급부의 성격을 가지며, 보험사고로 초래되는 재산상 부담을 전보하여 주는 경제적 유용성을 가지므로, 헌법상 재산권의 보호 범위에 속한다

1) 최종암기적으로(1)

건강 (수급) 재산 (보호) : 건강 재산-건전 재정

건강과 건전은 유사음가 재산과 재정도 유사음가를 이룬다. 재산에서 재정으로 가는 게 다소 험난은 하지만 그래도 갈 길을 가야 한다. 외워야 하니 말이다.

2) 최종암기적으로(2)

건강 (수급) 재산 (보호): 건강 재산-세잔 고갱 고흐

건강과 고갱은 다소 무리가 있지만 유사음가를 가진다. 세잔 고갱 고흐 같은 배고픈 예술가들에게 건전재정은 참으로 남의 이야기였다. 〈빵을 달라〉 이들에게는 재산이 필요하다. 세잔에게는 재산이 필요하다. 그래서 아주 직접적으로 노골적으로 빵을 달라고 요구하는 것이다. 그게 세잔과 재산의 음가적 유사성이다.

원문은 건강보험수급권은 가입자가 납부한 보험료에 대한 반대급부의 성격

을 가지며, 보험사고로 초래되는 재산상 부담을 전보하여 주는 경제적 유용성을 가지므로, 헌법상 재산권의 보호범위에 속한다고 볼 수 있다(헌재 2003. 12. 18. 2002헌바1).

9. 직업의 자유

-대학생이 방학기간을 이용해서 학비를 벌기위하여 학원강사로 일하는 행위도 직업의 자유로 보장된다

1) 기초암기

대학 방학 직업 : 방학기(만화가) : 대학 나와서 직업으로 만화를 해야해

암기해설: 방학기선생도 아주 구시대의 만화가. 새로운 웹튜니스트들에게 대학은 그래도 졸업하고 오라고 하고 있다.

2) 최종암기(1)

학생 (강사) 직업-학생직업훈련포탈

3) 최종암기(2)

학생 (강사) 직업-갑종직업소득

학생직업훈련포탈을 통해서 갑종직업소득도 신고도 해보기도 한다.

원문은 이를 학원강사로서의 교습행위와 관련하여 보면, 직업의 자유는 '생활의 기본적 수요를 충족시키기 위한 계속적인 소득활동으로서의 교습행위'를 자유롭게 행할 자유를 의미하고, 행복추구권은 일반적 행동의 자유에 속

하는 것으로서 '생활수단성'과 '계속성'이라는 개념표지를 결하여 단지 일시적·일회적이거나 무상으로 가르치는 행위를 보호영역으로 하는 권리라고 말할 수 있다. 2002헌마519

-직업의 자유에는 해당 직업에 합당한 보수를 받을 권리는 포함되지 않는다

1) 기본암기

합당 보수 아니: 베이비보스 : 합당한 보수를 주지 않으면 베이비로서 일해야해: 그게 확실히 아직 헌법상 권리는 아니니까

2) 최종암기(1)

합당 보수 (아니)-부부합장

3) 최종암기(2)

합당 보수 (아니)-박정어학원보수

-초중고등학교, 대학교 학교환경위생정화구역에서 여관시설 및 영업행위는 되지 않는다

1) 기본 암기

대학 여관 안돼 : 대학의주자 : 역관은 안돼: 역관 말고 더 고급스러운 일을 해야해

2) 최종암기(1)

대학 여관 (안돼)-대학로간식맛집

3) 최종암기(2)

대학 여관 (안돼)-여관제한연령

여관제한연령이 되어서 대학로 간식 맛집가서 먹기나 하고 집으로 간다.

-헌법재판소 2016. 3. 31. 선고 2013헌마585·786, 2013헌바394, 2015헌마199·1034·1107(병합) 결정 [구 아동·청소년의 성보호에 관한 법률 제44조 제1항 등 위헌확인 등] [헌집28-1, 453]에 따르면, 이 사건 법률조항은 의료기관의 운영자나 종사자의 자질을 일정 수준으로 담보하도록 함으로써, 아동·청소년을 잠재적 성범죄로부터 보호하고, 의료기관의 윤리성과 신뢰성을 높여 아동·청소년 및 그 보호자가 이들 기관을 믿고 이용할 수 있도록 하는 입법목적을 지니는바 이러한 입법목적은 정당하다. 그러나 이 사건 법률조항이 성범죄 전력만으로 그가 장래에 동일한 유형의 범죄를 다시 저지를 것을 당연시하고, 형의 집행이 종료된 때부터 10년이 경과하기 전

에는 결코 재범의 위험성이 소멸하지 않는다고 보며, 각 행위의 죄질에 따른 상이한 제재의 필요성을 간과함으로써, 성범죄 전력자 중 재범의 위험성이 없는 자, 성범죄 전력이 있지만 10년의 기간 안에 재범의 위험성이 해소될 수 있는 자, 범행의 정도가 가볍고 재범의 위험성이 상대적으로 크지 않은 자에게까지 10년 동안 일률적인 취업제한을 부과하고 있는 것은 침해의 최소성 원칙과 법익의 균형성 원칙에 위배된다. 따라서 이 사건 법률조항은 청구인들의 직업선택의 자유를 침해한다.

1) 최종암기적으로(1)

성인 십년-삼십년전통청진동해장국

2) 최종암기적으로(2)

성인 십년-성인심령사진

-운전학원에서 면허받은 사람들의 사고율이 대통령령의 비율보다 높으면 1년 영업정지 하는 것은 안 된다

1) 최종암기적으로(1)

사고 정지 (안 된다)-뇌사고정지

2) 최종암기적으로(2)

사고 정지 (안 된다)-사고뭉치

사고뭉치는 사고가 뇌사고가 정지가 되어서 곤란하다.

-개인택시 운송사업자의 운전면허가 취소된 경우 개인택시운송사업면허를 취소할 수 있도록 규정한 것은 괜찮다

1) 최종암기적으로(1)

택시 (운송) (사업) 면허-택시안매너모드

2) 최종암기적으로(2)

택시 (운송) (사업) 면허-대지건축면허

대지건축 면허 따서 신나서 더욱더 택시안 매너모드

10. 정당제도

-정당은 공권력의 주체성이 없다: 암기

최종이유적으로

권력과 책임의 비대칭 방지 때문이라고 생각하면 쉽다. 정당은 공권력을 행사하지 않기 때문에 그에 따르는 책임도 제한된다.

11. 선거제도

-선거운동의 자유는 우리 헌법에 명시되어 있지 않다

1) 기본암기

이를 외우기 위해서는 운동 자유를 같이 부정적으로 외운다. 그리하여 운동 자유 {운명장난} 으로 해서 외운다. 선거운동 자유명문 {선박사고} 〈사고〉뭉치 〈선사고〉주의

2) 최종암기

선거운동자유 명없-선거 운동 명시 없-운동 명시 없-명지초등학교운동회-이때 우울한 사람들 많았다. 상을 못 받아서 우울한 사람. 다친사람 꼴찌가 되어 우울한 사람 그래서 명시는 없다고 외워둔다.

12. 지방자치제도

-지방자치단체는 반드시 지방의회를 두어야 한다

1) 기초암기(1)

최종암기적으로 이는 헌법의 명문규정에 나온다 그래서 암기는 다음과 같이 한다

반드 지방 의회 : 반둥회의수카르노인도네시아대통령 : 인도네시아 지방에 의회를 설치해야해

암기해설: 반둥회의는 친미를 거부하는 비동맹회의체였다. 그래서 더 강력한 힘을 위해서 의회를 설치하자고 한 것이다.

2) 기초암기(2)

반드 지방 의회: 파울루 밴투 : 밴투는 반드시로 생각: 반드시 지방에 축구를 진흥시킬 의회가 있어야 해

3) 최종암기(1)

반드시 (지방) 의회-의사가만드는링티제로

의회와 티제가 유사음가를 가진다. 조금은 쉽지 않지만 말이다.

4) 최종암기(2)

반드시 (지방) 의회-이세탄반도

의사가만드는 링티제로가 이세탄반도까지도 석권을 하게 되었다. 〈케이푸드〉의 힘이다.

-지방의회의 의장선거는 행정처분의 일종으로 항고소송의 대상이 된다

1) 기초암기

지방 의장 항고 : 지방시 : 우리의 휘장은 항거(행거)에 잘 맞아야해

암기해설: 지방시는 최고의 다지이너 중의 한 명 그들의 휘장 즉 의장의 유음화된 휘장이 행거 에 맞게 구조화됨에 대해서 이야기를 하고 있다.

2) 최종암기(1)

의장 항고-무장항거

3) 최종암기(2)

의장 항고-장교휘장

무장항거의 정신이 장교휘장에 잘 담겨져 있다. 〈이미지화〉가 잘되어 있는 것이다.

13. 국회

-의장부의장은 재적과반수의 득표로 당선된다

1) 기초암기

부의 과반 : 장가방(프랑스 배우) : 알랑드롱의 부의는 장가방의 이름으로 해야해

암기해설: 프랑스의 과거시대를 대표하던 명배우 알랑들롱이 죽으면서 그당시 같이 움직이던 장가방이 자신의 이름으로 부의를 한다.

2) 최종암기(1)

부의 과반-부인용가발

3) 최종암기(2)

부의 과반-루이비통가방

-고위공직자수사처는 법제사법위원회 소관이다

1) 최종암기적으로(1)

공수 법제-공수부대복지관

2) 최종암기적으로(2)

공수 법제-복제검수

공수부대복지관에서 복제품으로 나온 것들이 잘 나왔는지 검수하다.

-국가인권위 관련 사항은 국회운영위원회 소관이다

1) 기본암기

인권 운영 : 전인권 : 윤영찬기자가 취재해야해

암기해설: 들국화의 전인권은 연예전문기자인 윤영찬 기자가 취재를 해주기를 바란다

2) 최종암기(1)

인권 운영-임금운용

임금체계 운용에 대한 것이다.

3)최종암기(2)

인권 운영-인근운현궁에스케이뷰화장실

-감사원관련사항은 법제사법위원회 소관이다

1) 최종암기적으로(1)

감사 법제-프랑스법제강사

2) 최종암기적으로(2)

감사 법제-강가에퍼지는물결

프랑스법제강사의 좋은 강의가 강가에 퍼지는 물결처럼 대학에 쫙 퍼지다.

-탄핵소추 관련사항도 법제사법 위원회 소관이다

1) 기초암기적으로

소추 법사 : 소트니코바 : 나의 도핑사건처리를 위해서 법서를 읽어야해

암기해설: 김연아의 금메달을 뺏어갔다는 말이 많았던 쇼트니코바. 그 뒤로 도핑혐의를 받기도 했다.

2) 최종이유적으로

윤석열 대통령 탄핵사건과 관련해서도 당시 민주당의 정청래 의원이 법제사법위원장으로서 탄핵을 주도해서 진행을 했다.

-국회의 본회의는 재적의원 5분의 1이상의 출석으로 개의한다

1) 기본암기

본회 오분 개의 : 보네(프랑스수학자) : 오분의 공부도 개의해야해

암기해설: 이 수학자 보네는 아주 공부에 열심인 진심인 사람. 오분의 공부도 꽤 개의해서 풀어본다.

2) 최종암기(1)

개의 오분-청두오픈개회오분전

오픈이라는 말 자체가 개회를 의미한다. 그래서 개회 오분전을 의미한다. 청두오픈 즉 중국의 도시 청두를 의미한다.

3)최종암기(2)

개의 오분-캐리비언배이오픈

캐리비언베이오픈을 위해서 왔는데 그 개회 오분전이나 놀려고 하는 사람은 얼마나 신이 나겠는가? 그런 신남 그런 초조함이 청두오픈 개회 오분전에도 나타난다.

-(민집에서의관련사례):94다59868판결 [추심금] [공1995.5.15.(992),1825]에 따르면, 채권가압류나 압류가 경합된 경우에 있어서는 그 압류채권자의 한 사람이 전부명령을 얻더라도 그 전부명령은 무효가 되지만, 이 경우에도 그 전부채권자는 채권의 준점유자에 해당한다고 보아야 할 것이므로 제3채무자가 그 전부채권자에게 전부금을 변제하였다면 제3채무자가 선의 무과실인 때에는 민법 제470조에 의하여 그 변제는 유효하고 제3채무자는 다른 압류채권자에 대하여 이중변제의 의무를 부담하지 아니하는 반면에 제3채무자가 위 전부금을 변제함에 있어서 선의 무과실이 아니었다면 제3채무자가 전부채권자에게 한 전부금의 변제는 효력이 없는 것이다. 이렇게 보는 실질적 의미나 취지가 있는가?

1) 최종이유적으로

특히 선의무과실을 했다면 제3채무자로서는 할 것을 다한 셈이기에 즉 주의의무를 다했기에 그럴 보호하고자 함이다.

2) 최종암기적으로(1)

전부 준점-준점 전부-충칭임시정부

상해 다음으로 마지막에 충칭에 임시정부가 있었다. 전부는 정부와 충칭은 준점과 유사한 음가를 가진다. 이 역사는 충칭에 가서도 보호를 해야 할 우리의 역사다.

3) 최종암기적으로(2)

전부 준점-준점 전부-충청북도세종정부청사

충칭임시정부의 뜻을 충청북도세종정부청사가 이어받았다. 그 얼과 뜻이 기리리라.

-(등기법에서의 관련 사례)-농지취득자격증명 관련해서는 상속인 이외의 자에 대해서는 특정유증을 하는 경우에는 농지취득자격증명이 있어야 한다

1) 최종암기적으로

이외 농지-이체용지

은행에서 창구에 적어서 주는 이체용지를 의미한다

2) 최종암기적으로(2)

이외 농지-위해위영지

위해위는 지금의 위해시 의 옛이름이다. 바다를 권위를 가지고 수호하는 요새라는 이름의 과거 청나라 때는 북양함대가 있던 요충지가 된다. 위해위영지에서 발행이 된 이체용지에는 함대값을 사기 위한 거액이 들어 있었을 것이다.

-국회비공개 출석과반수로 찬성한다

1) 최종암기적으로(1)

비공 출과-비공찰과상

콧구멍에 찰과상을 입다.

2) 최종암기적으로(2)

비공 출과-철거비용

비공찰과상을 입은 것에 대해서 그런 상처의 철거비용에 대해서 논하다.

-국회본회의는 공개하지만 의원 10인이상의 연서에 의한 동의를 하고 국회의결을 거치면 비공개로 한다

1) 최종암기적으로(1)

비공 십인-미국시민권취득선서

2) 최종암기적으로(2)

비공 십인-하우스키핑비용

미국시민권취득선서를 해야 필리핀 출신 하우스 키퍼들도 제대로 하우스키핑비용을 받을 수있다.

-국회의원의 의안발의는 10인 이상의 찬성으로 발의한다

1) 최종암기적으로(1)

발의 십인-심인적요인발휘

2) 최종암기적으로(2)

발의 십인-발리섬시민

발리섬시민으로서 관광객들이 와서 보이는 형태에 심인적으로 요인이 발휘될 수밖에 없다.

-탄핵사유로 제시된 헌법과 법률에서 헌법에는 불문헌법도 포함한다

1) 기본암기

탄핵 헌법 불문 : 풀무원대표: 글루타넥스 인수하려고 한법인맥동원해야해 :

암기해설: 글루타넥스는 떠오르는 화장품 회사의 이름이다. 한법은 한 대법대라인. 풀무원이 그 회사를 인수하려고 한 대법대라인을 동원해서 인수를 총동원하려고 한다.

2) 최종암기(1)

탄핵 불문-산책용물병

산책에 있어서 만일을 위해서 물병을 준비함은 건강에 필수이다. 그래서 불문헌법도 필요하다.

3) 최종암기(2)

탄핵 불문-블록체인잔액

블록체인잔액을 확인하고 기분 좋은 마음으로 산책을 나간다. 산책용물병을 들고 나간다.

-법률안 심의·표결권은 헌법기관으로서의 국회와 국회의원 각자에게 모두 보장된다

1) 기초암기적으로

의원 각자 보장 : 삼천갑자동방삭 : 갑자(각자) -의원 즉 원하면 각자에게 삼천년 삶을 보장해야해 : 자신이 그렇게 해준다. 즉 자신처럼 해준다는 의미로 현명한 판결관은 이해한다.

2) 최종암기적으로(1)

심의 각자-십이간지

3) 최종암기적으로(2)

심의 각자-심히걱정스럽다

십이간지 나름대로의 다 심히 걱정스러운 뜻을 가지고 있다. 그러니 운수는 보나 마나이다.

1. 풀어내는 식으로 공부하기

-의미

이는 난해한 지문 내용을 더 내용을 술술 풀어주는 의미를 가진다. 특히 기본적으로 객관식으로 주어지는 문제풀이 명제가 맞고 틀림에 대한 판단에서 작용이 된다. 이는 유명한 서울대 법대 C 교수방법에 해당한다. 누구인가에게 설명하듯이 이야기 하는 게 제일 좋은 방법이라는 식의 설득이다.

-순순한 흐름

말이 흐름이 스스로 보기에 그리고 남들이 보기에도 참 순순히 설명해준다는 느낌이 들게 해야 한다. 그냥 마구가 아니라 말이다.

-평면적으로 보던 책과 그 설명을 다 뜯어내는 느낌

1) 기본 의미

지금의 과정은 다 하나하나 새로 뜯는 것이다. 새로 뜯어내는 것이다. 필자의 내용설명을 보면 아마도 여러분들이 아 이것은 기존의 교과서에서는 잘 나오지 않은 표현인데 쉽다. 그게 바로 그런 식으로 그 설명을 다 뜯어내는 느낌으로 접근하는 것이다. 혹시 아주 부분 부분은 사람의 감정에 따라서는 다소는 좀 두서 없기는 해도 필자의 설명으로 좀 쉽게 이해를 하고 가는 것은 된다고 느끼게 될 것이다. 그게 바로 자연스러운 것이고 쉬운거다.

2) 더 풀어내는게 더 짧아지는 것이다

역설적이지만 고수들은 안다. 더 풀어내는 것이 더 풀어헤치는 것이 더 오히려 짧아지는 것이 된다.

-설명 논리를 잘 만들기

1) 기본 의미

풀어냄은 결국 설명의 논리이다. 술술 풀어줘야 한다.

2) 그야말로 말 같아서 좋게 된다

지금 구축되는 게 말 같아서 좋다고 느끼면 그것은 제대로 공부되는 것이다. 그리고 굉장히 안정되니 지금 며칠째 해도 크게 동요가 없다면 말이다. 큰 불만이 없이 계속 진행되게 말이다.

-기서결식 사고도 중요하다

그냥 마구 이야기 하는 것보다 아주 간략한 것이라도 기서결식 사고로 이야가 한다, 물론 시험장에 가면 그런 호흡을 할 시간이 많지 않으니 말이다.

-잘 될수록 자신의 근거 학습파일 서브노트가 튼실해 보인다

스스로 파일이 좀 부실부실해보이는 면이 있었는데 이제는 좀 더 간다는 식으로 해서 더 튼실하게 느껴지도 든든해져서 스스로 의지할 수준이 된다.

-문제집과 별도의 자기 학습파일의 기능이 확실하게 잘 분리가 된다

문제집 등이 지저분해지지 않고 깔끔해진다. 과거에는 이렇게 뭐가 많이 붙은거 보면 언제 다하기 아 이건 뭐지 개념이 생기는데 잘 마스터가 되면 내용의 핵심이 개념으로 바뀐다.

-하나의 소 테마에 자신이 스스로 이야기할 거리가 좀 자연스럽게 붙는다

뭔가를 내가 테마에서 이야기를 해봐야지 하고 시도를 할 때도 그게 자연스럽지 못하면 그것을 억지로 외워야 할 대상으로 생각하게 되는데 그러지 않고 자연스럽게 자신에게 설명으로 아니면 설명하는 능력으로서 존재하게 느낀다.

-결정적 한두마디가 이해와 본질을 파고 들어간다

1) 기본 의미

좋은 지식은 절대로 장황하지 않다. 중요한 거 한두말인데 그게 좀 숨겨져 있는거 아닌가? 스스로도 잘 표현한 것을 보면 아, 그게 그렇게 연결이 되는구나, 그게 그런 큰 뜻이 있구나하고 생각하게 된다.

2) 이거냐 저거냐에서의 강력한 한방

이거냐저거냐의 갈등상황에서 강력한 한방도 의미가 있고 중요하다. 한쪽으로 갈 수밖에 없는 좀 더 과격한 표현도 섞어가면서 쓰면 기억도 남고 논리도 산다.

-효율적인 논리를 만들수록 암기의 부담은 덜하다

그전의 공부들은 설명논리가 희박하니까 자꾸 끄나풀을 가지고 외우려고 아등바등하게 됨을 느낄 것이다. 그러나 설명논리가 좋으니 명문대 C 교수식으로 하면 깔끔히 설명이 되니, 기억적 아등바등이 없어짐을 느낀다,

-이렇게 술술 풀어내지 않으면 너무 어려운 과목들은 풀어내기가 너무 힘들다

어려운 과목일수록 논리와 유기성이 중요하다. 그래서 이렇게 술술 풀어내지 않으면 너무 어려운 과목들은 풀어내기가 너무 힘들다. 그야 말로 돌 씹는 기분이다. 그러기에 반드시 이렇게 논리로 술술 가게 풀어내야 한다.

-나름 평석가라고 생각하고 자신있게 적어보자

틀려도 좋다. 어차피 학습을 위한 것이다. 나름 평석가처럼 생각하자. 유연하고 논리적으로 잘 설명하는 데에 도움을 준다.

2. 대화 내지는 대화체를 염두에 두고 생각하기

-의미

지식을 풀어냄에 있어서 대화는 기본이다. 마치 소크라테스와 플라톤이 대화를 통해서 진리에 이른 것처럼 대화는 그런 기본을 가진다.

-질문과 답 구조

우리도 무엇인가를 읽어가면서 어떤 정보를 흡수해가면서 그것에 대해서 모르는 것이 나옴은 어찌보면 아주 당연한 것이다. 그것을 해결하는 가운데에서 답이 나오고 그게 그 학습의 정수가 된다.

-유능한 강사들의 비유

유능한 강사는 그것을 공부하는 학습자들이 무엇을 모르는지에 대해서 아주 잘 아는 사람이 된다. 그런 포인트를 일단 잘 알고거기에 어떤 이야기를 해줘야 좋아할지에 대해서 잘 이야기 해주는 사람이 좋은 강사가 된다.

-계속 자신의 표현을 가다듬어야 한다

특히 뛰어나다고 자타가 공인하려면 그 직관적 해설 꿰뚫는 용어들이 되어야 한다. 그러기 위해서 계속 가다듬고 정돈을 해야 한다.

-좋은 대화법이 되려면 좋은 질문이 나와야 한다

학습자인 나의질문요령과 접근이 나쁘지 않으니 좋은 대답이 나오게 된다. 이런 질문들이 또 새로운 지식의 패러다임이 된다. 기존의 책들에서 해주지 않았던 것 말이다.

-스스로 단정하고 외부로 표출해 보임의 우수성

그런 것을 자신의 파일에 담아서 노트에 담아서 외부로 표출을 하면 스스로 꽁하게 가지고 있던 것들의 지식이 달라짐에 대해서 느끼게 된다.

-묻다보니 이해되고 묻다보니 합격이다

말 그렇게 된다면 아주 좋은 시스템이고 그간의 학습체계를 부정하는 것이다. 이제는 누가 잘 질문을 세우는가가 중요한 것이 된다. 이런 패러다임이 되면 해당 시험에 대한 접근도 최근 몇년에 뭐가 바뀌는 것이고, 극단적으로 학원도 필요 없게 되고 하는 상황이 된다.

-질문받아주는 선생님

우수학생들은 말한다. 아, 과외선생님까지는 필요 없고 질문 받아주는 분이 있으면 좋겠다고 하고 말이다. 특히 고교시절의 최난제 과목인 수학 등에서는 말이다. 그런 마음으로의 자문자답 또는 대화식 공부를 지향한다.

-감정적 단어를 써서 표현해도 된다

'흥'같은 단어를 써도 된다. 학습의 목적만 달성한다면야. 흥 같은 사실적 논리들이 만들어진다.

-스토리라인의 형성

오티티가 더 유행할수록, 넷플릭스의 비중이 더 커질수록 스토리의 중요성이 커지고 있다. 그것을 공부에 대입을 해보면 대화가 스토리 라인이 되기도 한다. 즉 대화의 저술인 플라톤과 소크라테스의 대화처럼 인공지능과 나의 대화를 저술로 담게 된다. 그것은 본론에 대한 것이다:

3. 좋은 변화로 바뀌는 학습 주변 여건들이 변화

-의미

책이나 기타 여러 가지 여건들이 이런 변화로 어떻게 달라지는지에 대해서 소개한다.

-교과서(문제집)의 변화

1) 기본 의미

부담을 주고 이거 언제다 보나 하는 존재에서 아 그래 이것도 결국에는 핵심의 싸움이고 그런 핵심이 잡혀지면 쉽게 전진하는구나 하는 생각이 들게 한다.

2) 단권화의 기능적 원리에 접근

 (1) 일단 단권화에 유리

그렇게 되면 단권화의 원리에 아주 충실히 가게 되는가? 그렇다 물리적 단권화를 뛰어 넘는 기능적 단권화는 학습자로서는 아주 환상의 세계다. 그렇게 가고 있다고 느낀다면 과목 정복과 합격은 따 놓은 당상이다.

 (2) 중복성 검토의 효율성

내용에 대한 이해가 깊어지고 강해지면 내용적 중복성 검토도 뛰어나져서 단권화도 실질적으로 잘 일어난다.

3) 무기화

다듬어진 실력 다듬어진 무기라는 말이 실감이 난다. 그래서 스스로 이 책들정도의 것이면 법조로 치면 연수원급이어서 대한민국 OO분야 기술로는 최고 등급인데 하고 생각을 하게 된다. 제대로의 OO 과목의 책을 갖고 다니는 셈이 된다.

4) 자꾸 더 연결시키고 싶고 더 밝혀보고 싶어 한다

고수들은 말한다. 지식이 도가 올라가면 결국 연결이 되는 것이라고 말이다. 그래서 그게 자꾸 밝혀내는 것 자꾸 연결시켜가는 것을 시도하게 되는 것이 된다. 새 지식들은 새로 분화되어서나오는 것이다.

-책에 있는 지식들의 가치

1) 박물관은 살아있다

영화 박물관을 살아있다를 보면 박물관의 전시물들이 밤에는 살아서 움직인다. 그것처럼 그간 평면적으로 생각한 자식들이 살아서 움직인다. 그래서 이런 지식들의 가치는? 하고 스스로 생각해보게 된다.

2) 지식덩어리의 변화

지식이 예를 들어서 OO법의 경우에 이렇게 하나 하나 풀리면서 전체적 장악은 내게 어떤 모습으로 다가오는가? 그것은 낱낱의 지식이 아주 유기성을 띄어서 결국 크게 덩어리로 와도 내가 버틸수 있다는 식으로 가게 된다

3) 마인드 맵에서의 유기성

마인드맵 공부기법을 보면 지식을 잇게 되는데 그것을 어떤 이들은 언제 저 이음을 다 외우지 하지만 지식이 이해도가 커지면 그런 유기성이 억지로 외우려 해서 외워지는게 아님을 알게 된다

4. 심리적으로 긍정적 변화가 찾아온다

-비유: 에이스 투수처럼

'내가 투수라면 저렇게 꽂아 넣을 수 있나' 하고 프로야구를 보면서 생각을 해본 사람들 많을 것이다. 이렇게 지식이 내 것이 되면 내가 에이스투수가 된 기분이 된다.

-심리적으로 갈등 없는 아침과 새벽을 맞는다

공부를 하면서 학습에 매진하면서 제일 힘든 시간이 새벽과 이른 아침이다, 저녁과 밤은 그렇게 가는데 특히 자고 일어나서는 불안감이 마구 올라온다. 그런데 이렇게 제대로 공부를 해놓으면 그런 갈등이 사라진다. 그래서 심리적으로 갈등 없는 아침과 새벽을 맞는다.

-열정을 계속 간직하게 가는 시스템

우리는 사람이기에 공부에 대한 열정은 수시로 바뀌는가하는 질문에 자신있게 계속 열정이 유지가 된다고만은 이야기를 할 수 없다. 그러기에 그런 열정을 계속 간직 할 수 있는 시스템이라면 참 좋을터인데 말이다. 내가 알면 더 열심히 하게 된다. 그런 나의 열정을 잘 담을수 있는 구조가 지금의 공부 시스템 구조라고 보면 된다.

-풀어나가는 심리의 발생

법률로 치면 판단 결과의 회의론에 내가 너무 많이 빠져있던 것도 사실인데 이런 식으로 해결을 해서 좀 잘 해쳐나갔다는 성공사례도 많이 수집된다.

5. 지식을 돌출 정도로 하려면 노래 암기가 최고다

-의미

우리가 거인의 어깨에 올라타는 셈이라고 잘 이야기를 하는데 이게 마치 그런 거인의 어깨에 올라타는 정점에 있다고 봐야 한다. 노래는 우리에게 잘 써먹으라고 팔 벌리고 있다. 말죽거리 잔혹사에서 현수하고 싶은 거 다 해 하는 김부선처럼 말이다.

-암기라는 게 보는 것만으로 되는 게 아니라서

당연한 이야기지만 자주 보기만 한다고 샤워하듯이 하기만 한다고 외워지는 게 아니다. 그래서 어떤 노력이 필요한데 그런 노력의 결정판으로서는 이제 중요하다.

-장점: 무에서의 유의 형성효로서는 세계 최강

특히 세법처럼 정말로 무에서 유를 형성해야 함이 큰 과목은 이렇게 해서 형성을 시키고 '오 박OO, 아주 대단한데'하고 스스로를 다독일 수 있다.

-장점: 가만히 틀어놓고 반복하는 편한 효과

가만히 틀어놓고 반복하는 편한 효과를 기대하는 게 가능한 것도 여기서의

장점이 된다. 특히 시험이 다가올수록 불안한데 이런 게 지식으로 나를 지지한다고 치면 위로 효과, 위로적 지지효과가 크다.

-장점: 그래도 칙칙한 수험생활 중에 운율이 가미되는 효과

그래서 아주 칙칙할 수 있는 수험생활, 학습생활에 운율이 가미되어서 양념적 효과가 된다.

-장점: 가장 가시적인 유형적인 공부

공부의 가장 힘든 점은 참 뭘 해도 나에게 나를 중심으로 나의 뇌를 중심으로 해서는 뭐가 남은 게 없다는 점이다.

-장점: 책 읽음이 훨씬 더 수월해지고 마음이 덜 쓸쓸하다

특히 무에서 유를 하는 과목의 경우에는 참 읽으면서도 '아이 씨, 이걸 읽으면서도 외워내야 하는데 그게 되나'하고 자책을 많이 하는데 노래가 수반이 되면 완전 암기가 되지 않아도 그래도 기분 좋게 좀 더 안도감을 가지고 책을 읽어내게 된다.

어떤 무엇을 하더라도 확인적 의미의 독서에서 즉 읽으면서 기억을 해내야 하는 독서에서 제일 좋은 방법이다.

-장점: 생활화적 공부

노래에 미친놈 같은 식으로 그야 말로 자나 깨나 공부가 가능하다.

-노래는 가급적 먼 노래보다는 자신의 애창곡을 위주로 한다

-그림하고 결부가 되어야 더 강한 효과를 가지고 온다

그림하고 내용이 결부가 되어야 더 강한 효과를 가지고 오게 되기에 서로 시너지를 노린다.

-노래를 잘 선정하는 것도 그 과목에 대한 실력과 혜안이 생겨서 그런 것이다

그렇게 붙이게 하기 위해서 노래를 잘 선정하는 것도 그 과목에 대한 실력이 생겨서 비례적으로 생기는 모습이다.

-비유: 곳곳에 깔린 지뢰들이 공격을 도와주는 느낌

아 많이 형성이 되었다. 폭탄들이 많이 도와 준다.

6. 8진법

-그림이 최종이다

연상의 최고봉은 그림이다. 그게 마땅한 적절한 것을 넣기가 그래서 그렇지 말이다. 그러나 우리가 어차피 일반적이고 딱딱한 것을 외우기 위해서 별개 개념이 필요하다면 이렇게 그림을 차용해서 외움은 아주 좋다. 즉, 중간과 중간이 연결이 되어서 최고조로 간다.

이러면 지식에 특히 그냥 활자화된 지식에 만개의 꽃을 피우게 되는 셈이 된다.

로마인들은 위대했다. 그냥의 상상속의 그림과 진짜로 존재하는 그림은 천지차이이다. 영원하라 로만이여 영원하라 로마인들이여

공부라는 컴퓨터에 그래픽 카드를 달아서 날개를 달아가는 셈이다.

글자로만 공부하는 것과 비교하면 픽셀로는 거의 100배의 것을 활용하고 그만큼 노력이 감쇄되고 하는 것이다.

-뇌의 이중성에 가장 잘 맞는다

뇌는 기억하려고도 하고 까먹으려고도 한다는 사실이다. 안 까먹으면 터져버리는 게 뇌이다.

-그림이 사고를 전진시키고 사고를 확장시킨다

그림이 사고를 전진시키고 사고를 확장시킨다. 바로 그것을 전진시키는 그림이라도 붙여야 한다.

-전혀 안 쓰던 뇌의 영역을 쓰는 셈이어서 좋다

-8진법과 이어져서 그림과 그림간의 연결 히어라키를 노린다

이게 맞다면 8진법만으로 하기에는 무리가 있음을 스스로 인정한 셈이다.

-그림의 개수가 합격과 관련한 심적 안정의 지수를 증가시킨다

-두문자의 최대약점인 이게 어디에 쓰는 건지 모르겠다의 극복

그림을 잘 사용해서 그게 어디서 나온건지 모르겠다는 최대한 해소한다. 그것은 두문자의 최대 문제점이다.

-비유: 기억의 바벨탑 쌓기

비유적으로 이야기를 하면 이런 식으로 해서 바벨탑 쌓듯이 하는 것이다.

-무조건 열심히 한다고만 암기가 되는 거 아니다

하수들은 무조건 적극적으로 하자고만 했다. 그러나 시스템이 중요하다.

정말로 안 들어가는데 그렇게 들어가는 그렇게 끼우는 대단한 방법을 알아낸 것이 이것에 해당한다. 이런 식의 것은 회계학 같은 어려운 과목에서도 적용이 되게 된다.

-밀이 어려워서 공부가 어려운거다

-공부는 말이다

공부는 말이다. 결국 또 보니 말말말인데 시퀀스적 운율적 말이 중요하다.

-시간순삭도 좋다

과거에는 밑 빠진 독에 물붓기로 써야 할 시간이 많았는데 말이다.

-그림이 한 몸으로 되는 게 중요하다

그림이 흐트러지면 안 된다. 자연스러운 연상을 노리게 그림이 한 몸으로 되는게 중요하다.

-한 몸으로 표현하든지 강력한 연쇄관계로 표현하든지

한 몸으로 해서 한 덩어리로 표현을 하든지 아니면 강력한 연쇄관계로 표현하든지 해서 강하게 효과를 가지고 오게 해야 한다.

-하이브리드덩어리를 통해서 머리가 바꿔지는 게 최종의 모습

그간의 세상질서와는 좀 다른 이어진 질서로 채워진 머리를 만들어야 한다. 어차피 시험이 그간의 생활질서와는 틀리거나 다른 게 아닌 좀 무관한 것을 가지고 외움을 강요하니 우리도 그에 버티고 대항하기 위해서 이렇게 한다. 남들도 그것을 버티는 방법 중의 하나가 두문자다.

그러니 나도 새롭게 또 외워야 할 게 나오면 다른 생활요소시퀀스를 가지고 와서 대항을 하게 한다.

그런데 그렇게 다른 것을 채우는 게 그냥은 안 되니 행동강령인 파일이 존재해야 하고 그 파일도 정적 성격을 가지니 그것에 동적 성격을 부여하기 위해서 살아있는 덩어리라고 표현을 한다. 즉 책과의 별개의 유형적 성격을

가지고 있음을 보여주기 위해서 살아있는 덩어리라고 한다.

-하이브리드가 되면서 지식이 무에서 유 생명체적 지식이 된다

무엇이든지 살아있는 게 좋잖아하는 마음으로 접근을 해본다. 학습자인 내가 살아있는 게 좋음을 활용하자. 그래서 몸이 기억하는 공부가 되기도 한다. 마치 비유적으로 춤판 벌이기 덩어리는 수화처럼 몸짓과 몸이 기억하는 공부가 되는 게 좋다.

-인간의 도리로서의 제대로 공부가 된다

문제를 푼다고 할 때의 인간은 풀어서의 인간이다. 그래서 인간의 도리로서의 제대로 인간으로서 공부가 된다. 만약에 랜덤하게 본다고 해도 자신의 정신만 제대로 붙들고 있으면 풀이는 이뤄지게 된다. 이 인간의 도리는 학습자로서의 도리이다.

-누수를 채우는 반복도 의미 있는 반복이 된다

-종합이 된 게 대략 50퍼센트 목표치로 해서 기억남을 목표로 한다

-인과응보적이라서 노력을 해야 결과가 나온다

-쌍극자암기와의 관련성

쌍극자 암기도 결국에는 뭔가의 하나를 해서 그 특징으로 쌍극자를 연결해서 잡기였다. 그게 좀 더 난이도가 있으면 거기에 인물을 붙여서 강화를 시키고 좀 더 난이도가 있다면 히어라키 적으로 해서 노래를 한다. 다만 그 노래의 구조는 이렇게 잡는 게 이상적이다. 이 구성의 전제는 잊을 수도 있다는 점이다. 그래서 계속 노력이 필요하다는 점이다.

7. 전문 공부

-전문 공부의 의미

자격증을 딴 전문가이거나 아니면 그 아래에서 같이 일하는 실장 등의 전문사무원들은 자기분야의 그것도 아주 좁은 분야만 알지 그 이상을 가면 잘 모른다. 그래서 그런 전문 공부가 중요하다.

-세상이 어지러울수록 자기공부가 최고다

세상이 아주 어지러이 가고 있다. 어지러울수록 자기 공부가 최고다 . 그게 제일 남는 것이기 때문이다

-전문공부일수록 효율적으로 해야 한다

시간들이 없지 않은가? 그러니 더욱더 효율을 노려야 한다. 바쁘지 않은 전문가 바쁘지 않은 전문사무원은 없다. 그러니 그런 사람들의 전문 공부일수록 더욱더 효율을 높여야 한다.

-전문 지식은 꺼내 쓴다의 논리

법조계를 접하지 못한 사람들의 입장에서는 법조인들을 보면서 '와, 그 많

은 방대한 법을 어떻게 다 알고 남을 위해서 상담을 해주고 하지?'하고 생각한다. 그러나 법조계에 입문을 하면 제일 먼저 배우는 사실이 그 많은 방대한 지식을 다 머리에 담는 게 아니라 필요할 때 꺼내서 쓴다는 게 핵심이라는 사실이다. 그렇게 전문지식은 꺼내서 쓰는 것 이지 다 담아두는 게 아니기에 공부의 효율성은 더욱더 필요하다.

-전문 공부일수록 이런 포인트를 봐야 한다

그렇겠구나 하는 것은 문제가 안 되고 그건 좀 그런데 내지는 그건 좀 아닌데 하는게 포인트이다. 수험 때도 그렇지만 결국 판시 등의 암기에서 가장 문제는 바로 자신이 그간 가진 자연법에 어긋나는 경우이다. 거기를 잘 포착해서 봐야 하고 내 것으로 넣어야 한다.

-당연한 것과 다소 또는 그 이상 당연하지 않게 다가오는 것을 체크해야 한다

읽어서 조금씩만 지식이 쌓여도 '그것은 그렇겠구나'하고 당연하게 느껴지는 것과 그렇지 않고 '어 이것은 왜 이렇게 되지?;하고 당연하지 않게 생각되는 것을 구변하는 게 가장 중요한 포인트가 된다.

-여백에 필기를 하는 경우에도 그 당연하지 않음 생각해볼 여지가 있음이 관건이다

많은 학습자들이 여백에 필기를 해서 집어넣거나 적어 넣는다. 그런 적어넣은 내용으로서 가장 와야 할 것은 바로 당연하지 않는 내용에 대한 지적 즉, 그런 포인트를 찾아내는 것과 그것을 어떤 식으로 처리해서 내 것으로 할지에 대한 것들이다. 그렇게 치면 결국 책은 원래부터 인쇄되어 있는 부분과 학습자인 내가 적어서 나오게 하는 부분들로 나눠지게 되는데, 인쇄되어 있는 것이야 당연히 진리이고 기지(기지)의 사실로 받아들여지니까 제시가 될 터이니 그게 결합이 된 게 바로 종합적으로 그 해당 분야나 해당과목의 총합적 사실로 다가온다.

-전문 공부에서도 암기를 해야만 공부한 게 남는다

여러분들이 다른 전문분야를 공부해서 남들에게 보여줄 때도 그게 결국에는 '체화'가 되어야 의미가 있다. 그냥 입에서 머리에서 우물우물하는 지식으로는 의미가 없다.

-외워야 내 지식으로 남고 남들에게도 보여진다
남들에게 보여주고 남들에게 인정받는 그런 지식이 되기 위해선 절대적으로 암기가 되어야 한다. 그것을 도와주려고 필자는 애를 쓸 것이다.

-암기는 늘 숙제

암기는 수험에서도 큰 숙제인데 전문 공부를 함에도 내가 외울 것인가? 외운다면 어디까지 외우고 결심을 할 것인가는 아주 문제이다. 그래서 그에 대한 도움이 필요하다.

-가장 효율적으로 외우게 하기

필자는 가장 검증된 방식으로 가장 쉽게 외우게 하는 도움을 줄 것이다. 특히 앞서 말한 지식은 꺼내 쓰는 것과의 조화적으로 얼마까지를 외우고 얼마는 외우지 않고 가는가는 참으로 중요한 부분으로 계속 작용한다.

-전문공부에의 암기가 더욱더 어려운 이유는 용어가 어렵기 때문이다

용어가 어려움은 그 분야의 전문성을 표상한다. 물론 그것은 진입장벽처럼 그 분야에서의 현학적 요소도 가지고는 있으나 그에 대해서 의미가 크게 온다. 그것을 잘 돌파해야 한다.

-전문 공부에서의 아주 쉽게 암기하는 법

(1) 친숙도를 늘려라

친숙도를 늘리는 게 중요하다. 물론 모든 공부의 과정은 다 반복을 통해서 친숙도를 늘리지만 그것을 어떻게든 더 고속화 하는 게 관건이다. 용어가 어렵고 구가상황이 어렵다면 더욱이나 친숙도를 높이는 것은 아주 중요하

다.

(2) 시퀀스활용

시퀀스란 이어짐이다. 순서이기도 하고 말이다. 그런 이어짐과 순서가 잘 연결이 되어야 뭔가의 성과가 나온다. 암기도 결국 이어짐이니 말이다.

뭔가 잘 술술 연결이 되면, 그게 시퀀스다. 우리가 뭔가 생활에서도 이야기가 술술 연결이 잘되는 경우가 있다. 그게 바로 시퀀스다. 그래서 그것을 이용하면 학습이 용이하다. 텔레비전에서의 오락프로를 봐도 쿵쿵따 쿵쿵따 하면서 말이 끝말잇기 식으로 잘 연결이 됨을 볼 것이다. 그게 바로 시퀀스다.

혼자서 전문지식을 읽을 때에도 필자를 만나기전에 여러분들이 혼자서 전문지식을 읽을 때에도 뭔가가 그 부분만큼은 시퀀스에 의해서 흘러가는 것이 된다.

(3) 인문사회지식 총동원

이런 전문 공부가 어려운 것은 용어의 문제도 있지만 동류화가 되지 않은 지식들을 동류화 하는 가운데에서 머리에 담아둬야 하는 측면이 아주 크다. 그러기에 그럴 때는 거의 유일한 해법이 있다. 바로 자신이 아는 모든 인문사회적 기타 지식들을 총동원해서 암기를 하는 것이다. 어찌보면 수험생들이 가장 많이 쓰는 두문장암기 같은 것도 그런 것인데 그것은 그래도 아주 가장 초보적인 형태로 봐야 한다. 그런 인문사회적 지식을 가지고 암기를 하고 이해도를 높이는 것이 필자가 여러분들에게 해줄 수 있는 도움 중의 하나이기도 하다.

(4) 내 머리 안에서 복기가 되게 한다

결국 전문지식이 발현이 되기 위해서는 남들에게 시각이나 청각으로 가게 해야 한다. 그러려면 자신이 먼저 그 지식들에 능해야 한다. 그래서 그게 내 머리 안에서 복기가 되게 한다고 보면 된다.

내 입에서 나와야 한다. 그게 차고 넘치면 결국은 나의 입에서 나와야 한다. 그것의 단계까지 안가면 머릿 속의 음성으로 그야 말로 '뇌입'으로라도 나와야 한다.

우리 책은 포인트는 지정의 식이다. 아주 두툼한 개론서가 아니라 그 개론서를 잘 보게 하는 것이다. 우리 책은 어느 분야의 타지식을 익히게 하기 위한 두터운 지식의 책이 아니라 그 지식에서 가장 엑기스가 되는 부분을 어떻게 이해를 할까에 대해서 제시를 해주는 책이다.

8. 스타링크

: 해당 과목을 전체적인 별자리나 천체관으로 생각하고 외우기

-의미

스타링크는 해당과목을 전체적인 별자리나 천체관으로 생각하고 외우기를 말한다. 외국어도 어떤 사람이 꽤 해당 외국어로 소통이 된다고 하면 그것은 그 사람이 그 외국어에 스타링크가 형성이 된 것이라고 봐야 한다. 즉 스타링크가 되면 그 과목에 외국어이든 수험과목 학습이든 되는 거다.

-스타링크의 개념구성요소

개념구성요소, 핵심요소는 다음과 같다.

(1)구조성 (2)수축확정적 자유자재성 (3)위치적 자유자재성

구성요소의 본질에는 공부란 게 잘 압축하면 양이 확 줄어든다의 사고가 있다.

구성요소의 본질에는 이런 사고도 존재한다. 즉 공부란 게 잘 압축하면 양이 확 줄어든다의 사고 말이다. 그 사고는 이런 식으로 분화되어서 나온다.

-시험 전 날 뚫어지게 책만 쳐다보는 게 너무 싫다고 하는 사람에게 적합

그런 부류의 사람이 있다. 굳이 말하면 자유인이라고나 할까? 시험전 날 뚫어지게 책만 쳐다보는 게 너무 싫다고 하는 사람들 말이다. 그런 사람에게 이 방법은 적합하다

-스타링크로 지식들이 구현이 되면서 행복감이 상승

연관이 되는 시퀀스는 한숨에 쭉 풀어주는 게 복습이자 리뷰다. 그리고 그게 되면 스스로 대견해하면서 기분 좋다.

스타링크:시퀀스 개념이 스타링크를 가게 하고 스타링크는 시퀀스를 완벽하게 해준다

-시퀀스매칭활동의 최종 안착역이 목적지가 스타링크

그냥 무조건 만드는 게 아니라 확실한 최종목적의식으로 귀결된다. 그래서 나의 시퀀스를 완성시키는 집요함이 꽃피게 한다.

-두문자 시퀀스 등을 찾아보면서 제일 잘 하는 말 아 이거였지가 없게 하는게 중요하다

두문자 등을 가지고 공부하면 제일 문제가 아 이거였지 하면서 그 두문자의 주소 등이 바로 연결이 안 되는 경우가 문제다. 그런 것을 해결하기 위한 것이 바로 이것이다.

-독경

1) 부분적 독경

스타링크가 됨은 이게 진정한 의미의 독경이다. 어떤 이가 부분적으로 구현된 것을 가지고 씨름하고 있다면 그것은 허둥지둥적 독경 또는 부분적 독경이라고 할 수 있다.

2) 보조도구 없이 되어야 제대로의 독경이고 스타링크

녹음 테입 같은 보조도구 없이 되어야 하는 게 제대로의 독경이다. 즉 완전히 뇌의 활동만으로 되어야 하는 게 완벽한 의미에서의 독경이다.

3) 수도승 비슷하게

독경이 되면 진짜로 수도승이고 그가 써내는 게 거의 준경전에 이르는 그야말로 크리스천 서점에 나오는 것들이다.

도 서 명: 충북 경찰승진시험 대비 헌법 공부법
저　　자: 자격증수험연구회
초판발행: 2025년 07월 25일
발　　행: 수학연구사
발 행 인: 박기혁
등록번호: 제2020-000030호
주　　소: 서울특별시 영등포구 버드나루로 130 1층 104호(당산동, 강변래미안)
Tel.(02) 535-4960　Fax.(02)3473-1469

Email. kyoceram@naver.com

수학연구사 Book List

9001 고1,고2 내신 수학은 따라가지만 모의고사는 망치는 학생의 수학 문제 해결법
저자 수학연구소 / 19,500

9002 이공계 은퇴자와 강사를 위한 수학 과학 학습상담센터 사업계획 가이드
저자 수학연구소 / 19,500

9003 고3 재수생 수능 수학 만점, 양치기를 어떻게 바라보고 극복할 것인가
저자 수학연구소 / 19,500

9004 대학생들이 세상에서 가장 효율적으로 일본어를 정복하는 방법
저자 최단시간일본어연구회 / 19,500

9005 프랑스어를 꼭 공부해야 하는 대학생들이 쉽게 어려운 단어를 외우는 방법
저자 최단시간프랑스어연구회 / 19,500

9006 중국어를 빠르게 배우고 싶은 해외 파견 공무원들을 위한 책
저자 최단시간중국어연구회 / 19,500

9007 변리사들이 효율성 높게 일본어를 익히는 법
저자 변리사실무연구회 / 19,500

9008 세무사가 업무상 필요한 일본어 청취를 빠르게 습득하는 법
저자 세무사실무연구회 / 19,500

9009 심리상담사가 프랑스어 단어를 빠르게 익히는 방법
저자 상담심리실무연구회 / 19,500

9010 업무용 일본어 듣기의 효율성을 높이는 법: 해외파견공무원용
저자 공무원실무연구회 / 19,500

9011 관세사들이 스페인어 단어를 쉽고 빠르게 외우는 법
저자 관세사실무연구회 / 19,500

9012 스페인어 리스닝을 쉽게 하는 법: 해외파견금융기관직원을 위한 책
저자 금융실무연구회 / 19,500

9013 관세사가 알면 좋을 프랑스어 단어를 효율적으로 외우는 법
저자 관세사실무연구회 / 19,500

9014 법조인이 알면 좋을 스페인어 단어를 빠르게 익히는 법
저자 법조인실무연구회 / 19,500

9015 법조인이 알면 좋을 스페인어 단어를 빠르게 익히는 법
저자 법조인실무연구회 / 19,500

9016 미용 뷰티업계에서 알면 좋을 이탈리아어 단어 빠르게 외우는 법
저자 뷰티실무연구회 / 19,500

9017 간호대학생과 간호사 의학용어시험 만점! 심장순환계통단어 암기법
저자 의학수험연구회 / 19,500

9018 항공항항업계에서 알면 좋을 스페인어 단어 스피드 암기법
저자 항공항공실무연구회 / 19,500

9019 약사와 약대생을 위한 의학용어 만점암기법_ 심장순환계와 근육계
저자 의학수험연구회 / 19,500

9020 한의사와 한의대생을 위한 양의학용어 암기법_ 호흡기와 감각기
저자 의학수험연구회 / 19,500

9021 의료변호사를 위한 의학용어 암기법_ 소화기와 비뇨기
저자 의학수험연구회 / 19,500

9022 건강보험공단 직원과 취준생을 위한 의학용어 암기법_ 감각기와 호흡기
저자 의학수험연구회 / 19,500

9023 간호사 국가고시 합격기간 단축하기_ 1교시 성인간호, 모성간호
저자 의학수험연구회 / 19,500

9024 건강보험공단 직원과 취준생을 위한 의학용어 암기법_ 감각기와 호흡기
저자 의학수험연구회 / 19,500

9025 수의사와 수의대생을 위한 의학용어 암기법_ 근골계와 심장순환계
저자 의학수험연구회 / 19,500

9026 식품위생직, 식품기사 시험을 위한 식품미생물 점수 쉽게 따기
저자 식품위생연구회 / 19,500

9027 영양사 시험 스피드 합격비법_ 1교시 영양학, 생화학, 생리학 중심
저자 영양사시험연구회 / 19,500

9028 영양사 시험 스피드 합격비법_ 2교시 식품학, 식품위생 중심
저자 영양사시험연구회 / 19,500

9029 6급 기관사 해기사 자격 시험 스피드 합격비법
저자 해기사시험연구회 / 19,500

9030 재배학개론 농업직 공무원시험 스피드 합격비법
저자 공무원시험연구회 / 19,500

9031 식용작물학 농업직 공무원시험 스피드 합격비법
저자 공무원시험연구회 / 19,500

9032 수능 지구과학1 입체적 이해로 만점 받기
저자 수능시험연구회 / 19,500

9033 건축구조 건축직 공무원 시험 교과서 술술 읽히게 하는 책
저자 공무원시험연구회 / 19,500

9034 위생관계법규 조문과 오엑스 조리직 공무원시험
저자 공무원시험연구회 / 19,500

9035 자동차구조원리 운전직 공무원 시험 교과서 술술 읽히게 하는 책
저자 공무원시험연구회 / 19,500

9036 수의사와 수의대생을 위한 의학용어_ 암기법 소화기와 비뇨기
저자 의학수험연구회 / 19,500

9037 도로교통사고 감정사 1차 시험 교과서 술술 읽히게 하는 책
저자 자격증수험연구회 / 19,500

9038 위험물산업기사 필기시험 교과서 술술 읽히고 암기되게 하는 책
저자 자격증수험연구회 / 19,500

9039 소방관계법규 조문과 오엑스 소방직 공무원시험
저자 공무원시험연구회 / 19,500

9040 양장기능사 필기시험 교과서 술술 읽히고 암기되게 하는 책
저자 자격증수험연구회 / 19,500

9041 섬유공학 패션의류 전공자가 섬유가공학 술술 읽고 학점도 잘 받게 해주는 책
저자 섬유공학패션연구회 / 19,500

9042 의류복식사 술술 읽고 학점 잘 받게 해주는 섬유공학 패션의류 전공자를 위한 책
저자 섬유공학패션연구회 / 19,500

9043 반도체장비유지보수 기능사 필기 교과서 술술 읽히고 암기되게 하는 책
저자 자격증수험연구회 / 19,500

9044 4급 항해사 해기사 자격 수험서 술술 읽히고 암기되게 하는 책
저자 자격증수험연구회 / 19,500

9045 접착 계면산업 관련 논문 특허자료 술술 읽히고 암기되게 하는 책
저자 접착계면산업연구회 / 19,500

9046 재수삼수 생활로 점수 올려 대입 성공한 이야기
저자 오답노트컨설팅클럽 / 19,500

9047 치위생사 국가시험 수험서 술술 읽히고 암기되게 하는 책
저자 자격증수험연구회 / 19,500

9048 치위생사 국가시험 수험서 술술 읽히고 암기되게 하는 책_ 2교시 임상치위생처치 등
저자 자격증수험연구회 / 19,500

9049 가스산업기사 필기시험 수험서 술술 읽히고 암기되게 하는 책
저자 자격증수험연구회 / 19,500

9050 응급구조사 1,2급 시험 수험서 술술 읽히고 암기되게 하는 책
저자 자격증수험연구회 / 19,500

수학연구사 Book List

9051 떡제조기능사 시험 수험서 술술 읽히고 암기되게 하는 책
저자 자격증수험연구회 / 19,500

9052 임상병리사 시험 수험서 술술 읽히고 암기되게 하는 책
저자 자격증수험연구회 / 19,500

9053 의료관계법규 4대법 조문과 오엑스 뽀개기 의료기술직 공무원시험
저자 공무원시험연구회 / 19,500

9054 간호학 전공자가 간호미생물학 술술 읽고 학점도 잘 받게 해주는 책
저자 간호학연구회 / 19,500

9055 간호사 국가고시 합격기간 단축하기_ 2교시 아동간호, 정신간호 등
저자 의학수험연구회 / 19,500

9056 도로교통법규 조문과 오엑스 뽀개기 운전직 공무원시험
저자 공무원시험연구회 / 19,500

9057 전기공학부생들이 시험 잘 보고 학점 잘 따는 법
저자 기술튜터토니 / 19,500

9058 간호대학생들이 약리학을 쉽게 습득하는 학습법
저자 간호학연구회 / 19,500

9059 의치대를 목표하는 초등생자녀 이렇게 책 읽고 시험 보게 하라
저자 의치대보낸부모들 / 19,500

9060 지적관계법규 조문과 오엑스 뽀개기 지적직 공무원시험
저자 공무원시험연구회 / 19,500

9061 방송통신대 법학과 학생이 학점 잘 받게 공부하는 법
저자 법학수험연구회 / 19,500

9062 공인중개사 1차 시험 쉽게 합격하는 학습법
저자 법학수험연구회 / 19,500

9063 기술직 공무원 시험 쉽게 합격하는 학습법
저자 공무원시험연구회 / 19,500

9064 독학사 간호과정 공부 쉽게 마스터하기
저자 간호학연구회 / 19,500

9065 주택관리사 시험 빠르게 붙는 방법과 노하우
저자 자격증수험연구회 / 19,500

9066 비로스쿨 법학과 대학생들을 위한 공부 방법론
저자 법학수험연구회 / 19,500

9067 기술지도사 필기시험 빠르고 쉽게 합격하는 학습법
저자 자격증수험연구회 / 19,500

9068 감정평가사 시험 스트레스 낮추고 빠르게 최종 합격하는 길
저자 자격증수험연구회 / 19,500

9069 의무기록사 시험 합격을 위한 의학용어 암기법_ 순환계와 근골계
저자 의학수험연구회 / 19,500

9070 의무기록사 시험 합격을 위한 의학용어 암기법_ 소화기와 비뇨기
저자 의학수험연구회 / 19,500

9071 감정평가사 2차 합격을 위한 서브노트의 필요성 논의와 공부법
저자 자격증수험연구회 / 19,500

9072 감정평가사 민법총칙 최단시간 공부법과 문제풀이법
저자 자격증수험연구회 / 19,500

9073 게임 IT업계 직원이 영어를 빠르게 듣고 말할 수 있는 방법
저자 최단시간영어연구회 / 19,500

9074 IT 게임업계 직원이 효율적으로 빠르게 일본어를 습득하는 법
저자 최단시간일본어연구회 / 19,500

9075 게임회사 IT업계 직원이 프랑스어 단어를 빨리 익히는 법
저자 최단시간프랑스어연구회 / 19,500

9076 경영지도사가 빠르고 효율적으로 중국어를 배우는 법
저자 최단시간중국어연구회 / 19,500

9077 유튜버가 일본어 청취를 빠르게 익히는 방법
저자 최단시간일본어연구회 / 19,500

9078 법조인들이 알면 좋을 프랑스어 단어를 빠르게 익히는 법
저자 최단시간프랑스어연구회 / 19,500

9079 경영지도사에게 필요한 스페인어 단어 빠르게 익히기
저자 최단시간스페인어연구회 / 19,500

9080 일본어 JLPT N4, N5 최단시간에 합격하는 법
저자 최단시간일본어연구회 / 19,500

9081 관세사에게 필요한 이탈리아어 단어 빠르게 익히기
저자 최단시간외국어연구회 / 19,500

9082 일본 관련 사업을 하는 중개사를 위한 효율적인 일본어 듣기법
저자 최단시간외국어연구회 / 19,500

9083 일본 취업 준비생을 위한 일본어 리스닝과 단어 실력 빠르게 올리는 방법
저자 최단시간외국어연구회 / 19,500

9084 관세사에게 필요한 중국어 빠르게 습득하는 법
저자 최단시간외국어연구회 / 19,500

9085 누적과 예측을 통한 영어 말하기와 듣기 해답_ 해외진출자를 위한 책
저자 최단시간외국어연구회 / 19,500

9086 스페인어를 공부해야 하는 대학생들이 빠르게 단어를 숙지하는 법
저자 최단시간외국어연구회 / 19,500

9087 취업 준비 대학생은 인생 자격증으로 공인중개사 시험에 도전하라
저자 자격증수험연구회 / 19,500

9088 고경력 은퇴자에게 공인중개사 시험을 강력 추천하는 이유와 방법론
저자 자격증수험연구회 / 19,500

9089 효율적인 4개 국어 학습법과 외국어 실력 올리는 방법
저자 최단시간외국어연구회 / 19,500

9090 여성들의 미래대안 공인중개사 시험 도전에 필요한 공부 가이드
저자 자격증수험연구회 / 19,500

9091 해외파견근무직원들이 이탈리아어 단어 빠르게 익히는 방법
저자 최단시간외국어연구회 / 19,500

9092 영어 귀가 뻥 뚫리는 리스닝 훈련법
저자 최단시간외국어연구회 / 19,500

9093 열성아빠를 위한 민사고 졸업생의 생활팁과 우수 공부비법
저자 교육연구회 / 19,500

9094 유초등 아이 키우는 열정할머니를 위한 민사고 생활팁과 공부가이드
저자 교육연구회 / 19,500

9095 심리상담사가 일본어를 쉽게 배울 수 있는 노하우와 팁
저자 최단시간외국어연구회 / 19,500

9096 법조인을 위한 들리는 소리에 집중하는 외국어 리스닝과 단어 훈련법
저자 최단시간외국어연구회 / 19,500

9097 관세사를 위한 문법 상관없이 받아 듣고 적는 외국어 학습법
저자 최단시간외국어연구회 / 19,500

9098 민사고에 진학할 똑똑한 중학생을 위한 민사고 공부팁과 인생 이야기
저자 교육연구회 / 19,500

9099 해외파견근무직원들을 위한 프랑스어 단어 쉽게 배우기
저자 최단시간외국어연구회 / 19,500

9100 해외파견근무직원들이 일본어를 쉽고 빠르게 공부하는 방법
저자 최단시간외국어연구회 / 19,500

수학연구사 Book List

9101 대학생들이 이탈리아어 단어 쉽고 빠르게 익히는 법
저자 최단시간외국어연구회 / 19,500

9102 뷰티 화장품 업계에서 알면 좋을 스페인어 단어 쉽게 익히기
저자 최단시간외국어연구회 / 19,500

9103 민사고 진학에 갈등을 느끼는 딸바보 아빠를 위한 인생 조언과 공부법
저자 교육연구회 / 19,500

9104 유튜버를 위한 영어 리스닝과 스피킹 실력 빠르게 올리는 법
저자 최단시간외국어연구회 / 19,500

9105 해외파견직들을 위한 문법 없이 어학 공부하는 방법
저자 최단시간외국어연구회 / 19,500

9106 변리사가 프랑스어 단어를 쉽고 빠르게 배우는 법
저자 최단시간외국어연구회 / 19,500

9107 법조인이 알면 좋을 중국어 스피드 습득법
저자 최단시간외국어연구회 / 19,500

9108 임용고시 합격하려면 고시 노장처럼 공부하지 마라
저자 임용고시연구회 / 19,500

9109 임용고시 합격을 위한 조언_ 공부로 생긴 스트레스 공부로 풀어라
저자 임용고시연구회 / 19,500

9110 가맹거래사 시험 법학에 자신이 없는 사람들이 꼭 봐야 할 합격법
저자 자격증수험연구회 / 19,500

9111 가맹거래사 책이 쉽게 이해되지 않는 사람들을 위한 수험전략 가이드
저자 자격증수험연구회 / 19,500

9112 항공 및 공항 업계에서 알면 좋을 이탈리아어 단어 효율 암기법
저자 최단시간외국어연구회 / 19,500

9113 은퇴자를 위한 외국인과 만나는 게 즐거운 영어 리스닝 방법
저자 최단시간외국어연구회 / 19,500

9114 항공과 공항업계인을 위한 일본어 듣기와 단어 청크 단위 학습법
저자 최단시간외국어연구회 / 19,500

9115 유튜버가 프랑스어 단어에 쉽게 접근하고 익히는 법
저자 최단시간외국어연구회 / 19,500

9116 대학생이 필요한 스페인어 청취를 빠르게 습득하는 법
저자 최단시간외국어연구회 / 19,500

9117 해외파견직들을 위한 스페인어 단어 스피드 학습법
저자 최단시간외국어연구회 / 19,500

9118 관세사를 위한 직청직해 소리단어장 다국어 훈련법
저자 최단시간외국어연구회 / 19,500

9119 경비지도사 처음 도전하는 사람들이 꼭 알아야 할 시험 접근법
저자 자격증수험연구회 / 19,500

9120 유튜버가 이탈리아어 단어 효율적으로 익히는 방법
저자 최단시간외국어연구회 / 19,500

9121 관세사가 빠르고 쉽게 일본어 실력 올리는 법
저자 최단시간외국어연구회 / 19,500

9122 영어가 부족한 법조인을 위한 리스닝과 스피킹 효율 학습법
저자 최단시간외국어연구회 / 19,500

9123 미용 뷰티업계에서 알면 좋을 일본어 쉽게 접근하는 법
저자 최단시간외국어연구회 / 19,500

9124 대학생을 위한 외국어 공부법_ 문법은 버리고 소리에 집중하자
저자 최단시간외국어연구회 / 19,500

9125 심리상담사가 스페인어 단어를 효율적으로 배우는 방법
저자 최단시간외국어연구회 / 19,500

9126 대학생을 위한 다양한 외국어 쉽게 접근하게 해주는 가이드
저자 최단시간외국어연구회 / 19,500